Marco Riccardi

Viaggio nella Spagna del XVI-XVII Secolo

LA RELAZIONE DIPLOMATICA DI FRANCESCO SORANZO

3

Viaggio nella Spagna del XVI-XVII secolo
di Marco Riccardi
prima edizione: Febbraio 2019
© *2019,* Santelli editore

Santelli editore
Viale Giacomo Mancini 236,
87100 Cosenza
0984.406939
info@santellieditore.it
www.santellieditore.it

Indice

INTRODUZIONE

Le ragioni che mi hanno spinto a scrivere sulla storia della Repubblica di Venezia nell'età moderna sono state, nell'ordine, la curiosità personale verso l'argomento, l'aver studiato un programma monografico sulla storia degli antichi stati italiani, un'esperienza personale di viaggio nella Spagna.

Per la redazione del presente lavoro, ho frequentato la biblioteca dell'Istituto Storico Germanico di Roma e ho approfittato del materiale librario in essa contenuto. Il materiale di ricerca l'ho raccolto presso il Dizionario Biografico degli Italiani della Treccani, dalle Relazioni degli ambasciatori veneti al Senato di Luigi Firpo; da l'arte della prudenza di Stefano Andretta e da La repubblica inquieta di Stefano Andretta.

Dopo una generale riflessione sulle relazioni il mio lavoro è strutturato in due parti: la prima riguarda la biografia di Francesco Soranzo e la seconda è l'analisi del testo della relazione da lui scritta al ritorno della sua missione come ambasciatore veneziano in Spagna. La relazione è stata scelta poiché mi pare una delle più complete e importanti scritte tra il '500 e il '600 sulla realtà politica, sociale, religiosa ed economica della penisola iberica e della sua monarchia.

Nella relazione esaminata ritengo che i temi più importanti siano: la preoccupazione costituita dall'Impero Ottomano, poiché, avendo dei domini in Nordafrica non molto lontani dalla Spagna, ed una certa attitudine agli assalti pirateschi e alla guerra di corsa. Un altro nemico storico era costituito dalla monarchia inglese che, come è noto, nel 1588 inflisse una sonora sconfitta militare e navale all'Invincibile Armata spagnola, e fece fallire il progetto di conquista della stessa Inghilterra nel tentativo di porre fine alla crescente potenza commerciale inglese e alla sua spregiudicata politica estera in sostegno del mondo riformato e di tutti i nemici della Spagna. Infine, la qualità della potenza spagnola che in quel periodo aveva domini estesissimi che andavano dalle Indie Occidentali in America Latina (costituite dai viceregni del Perù e di Nuova Granada), alle Filippine in Asia, ai possedimenti italiani (lo Stato dei Presidi, i viceregni di Napoli e Sicilia, il ducato di Milano in Italia), ai domini nei Paesi Bassi, al Portogallo (annesso da Filippo II nel 1580). E la questione della sua decadenza e del suo degrado che risalgono al periodo illustrato da Soranzo, fino a passare al '600, quando si assiste all'inizio del vertiginoso declino della potenza spagnola a vantaggio degli astri nascenti, soprattutto della Francia e dell'Inghilterra.

Le relazioni venete sono fondamentali per valutare il contesto europeo e i suoi mutamenti. Conoscere la situazione a Madrid poteva essere decisivo per la sopravvivenza di Venezia ed utile per sondare le intenzioni delle potenze europee e analizzare le situazioni con le quali Venezia doveva confrontarsi. Un altro loro scopo era ritardare l'inesorabile decadimento a cui sembrava destinata Venezia. Esse furono uno strumento fondamentale per comprendere il presente e i problemi contemporanei che riguardavano le relazioni estere tra gli Stati europei.

Inoltre, queste relazioni sono un esempio di diplomazia molto avanzato rispetto a quelle degli altri stati europei, poiché offrono una descrizione molto dettagliata e a largo raggio andando ad analizzare vari aspetti e componenti dello Stato moderno: le entrate, le uscite, l'esercito, la corte, la geografia, la religione, i ceti sociali ecc.

Venezia aveva una diplomazia molto più compatta e con una formazione singolare. A differenza della Repubblica di San Marco, le emergenti monarchie europee potevano contare su una diplomazia meno esperta e consumata nelle arti della negoziazione e dell'informazione politica: il suo personale era infatti formato da elementi dell'aristocrazia, spesso di tradizione militare e nobiliare e, in genere, poco esperta di amministrazione e priva di interesse verso gli aspetti strutturali dell'economia. Qui risultava evidente la differenza di quella veneta, che in gioventù si dava al commercio e in età matura alla politica. Le informazioni riportate nelle Relazioni presentate dagli ambasciatori al senato conferivano prestigio e potenza a Venezia. Questa tradizione normativa di redigere una relazione si può far risalire al 1268, anno della prima relazione, nella quale era indicato il compito di riferire i risultati e le esperienze delle missioni all'estero. Nel XV secolo fu emanata una legge, valida anche per i magistrati inviati nei territori repubblicani, che obbligava a riferire ai Savi di Terraferma e del Consiglio, i quali avevano il compito di depositarla negli archivi della Cancelleria. Nel 1533 un'altra legge fu emanata per ribadire il concetto ed impedire che ci si sottraesse dal riportare le informazioni acquisite.

Inoltre, bisogna considerare il peso della tradizione italiana nella nascita della diplomazia moderna: Venezia e la Santa Sede vengono considerate come le situazioni storiche dove si svilupparono i modelli principali delle pratiche diplomatiche. Dal XVI secolo con le scoperte geografiche delle altre potenze europee e l'espansione turca nel Mediterraneo gli spazi di manovra veneziani in realtà si restrinsero, poiché aumentò la concorrenza da parte delle altre potenze europee: il senso di onnipotenza veneziano cedette allora lo spazio all'ansia e ciò portò la classe politica veneziana ad una valutazione più accurata della potenza altrui e venne esaltata la capacità informativa in cui il politico veneziano poteva esprimere una certa spregiudicatezza acquisita in gioventù da uomo d'azione, marinaio e mercante. Negli anni venti del '500 si ha una mutazione dello stile di vita dei politici, meno impegnati nelle attività commerciali e più concentrati nella vita pubblica.

Coloro che erano destinati dalle famiglie alla carriera diplomatica in genere avevano una formazione letteraria che veniva svolta presso l'Università di Padova, dove dominavano razionalismo e naturalismo aristotelico nei corsi universitari, per educare le menti al metodo scientifico e all'osservazione rigorosa e sistematica della realtà. Venezia stessa era dotata di varie scuole; la Scuola di Rialto specializzata in filosofia, la Scuola di San Marco a indirizzo letterario per formare i funzionari della cancelleria ducale; questo ambiente culturale così ricco non poteva che dare stimolo alle relazioni, nelle quali si riversava anche l'ansia di conoscere il mondo, propria dello spirito rinascimentale. Oltre all'interesse politico nelle relazioni è spesso presente nelle Relazioni degli ambasciatori, lette in una seduta ad hoc al Senato, il desiderio di conoscenza dei popoli e dei loro costumi.

BIOGRAFIA DI FRANCESCO SORANZO

La biografia di Francesco Soranzo si muove nel solco di una tipica formazione da patrizio veneziano. Egli nacque a Venezia il 3 gennaio 1557. Nella sua carriera ha ricoperto svariate cariche politiche cominciando nel 1582 con quella di Savio agli ordini, magistratura facente parte del Collegio dei Savi e composta comunemente da quei giovani che intendevano carriera politica. Nel 1583 si occupò di ricevere e accompagnare a Venezia il duca di Gioiosa; nel 1587 è stato Podestà e capitano di Belluno e nel 1592 fu capitano di Vicenza, una delle città più importanti della terraferma veneta. Il 17 giugno 1597 venne eletto ambasciatore ordinario presso Filippo II e il 12 gennaio 1598 arrivò a Madrid accolto dal suo predecessore Agostino Nani e presentato al re dal conte di Fonsalida il 26 gennaio 1598. Nel suo periodo a corte il Soranzo si trovò ad assistere alla morte di Filippo II e all'ascesa al trono di Filippo III che lo elesse a cavaliere il 13 luglio 1599, in occasione delle condoglianze per la morte di Filippo II. Il 2 giugno 1601 venne richiamato con elogio dai Savi del Consiglio e partì da Valladolid, sede momentanea della corte spagnola il 10 febbraio 1602 e, come descritto dal successore Contarini, lasciò un eccellente ricordo a corte per la sua bravura, capacità e qualità umane.

Francesco Soranzo arrivò a Venezia l'11 ottobre 1602 e presentò la sua relazione alla fine dell'anno e fu premiato per l'efficacia della sua missione e gli fu consentito di tenere per sé la catena d'oro ricevuta in dono dal re di Spagna.

Successivamente fu nominato Savio di Terraferma, Savio del Consiglio, e ordinario dei Pregadi, ovvero del gruppo ristretto di senatori che si possono considerare come i più importanti nella guida della Serenissima. Nel 1603 fu inviato ambasciatore presso l'Imperatore Rodolfo II per rafforzare e rendere più stretti i rapporti tra Venezia e il Sacro Romano Impero. Durante la crisi dell'Interdetto scagliato da Paolo V contro la Repubblica sostenne le ragioni di Venezia nelle differenze col Sommo Pontefice e poi fu Ambasciatore presso lo stesso papa. Morì il 3 marzo 1607 e venne sepolto con tutti gli onori nella chiesa di Santa Giustina.

LA RELAZIONE DI SPAGNA DEL SORANZO

Essa rappresenta uno degli esempi più interessanti e documentati sulla realtà spagnola a cavallo dei secoli XVI e XVII, e per questo motivo fu una delle più apprezzate e lette negli ambienti politici contemporanei. Costituisce per la sua mole, quasi duecento fogli manoscritti, e per la qualità della scrittura politica uno dei documenti storici più rilevanti per la storia della società spagnola agli inizi del Seicento.

La relazione di Soranzo inizia facendo i ringraziamenti di rito al doge Marino Grimani e con il confronto tra i modi di governare di Filippo II e Filippo III. L'uno in età avanzata ed uno giovanissimo, con Filippo II più avvezzo alle materie e ai problemi di stato, come descritto alla pagina 35 della relazione grazie alla prudenza di cui era provvisto e con una grande autonomia di giudizio riuscì a governare il suo sterminato impero, dimostrandosi capace di risolvere da solo i vari problemi che pian piano gli si presentavano. Invece Filippo III, essendo più giovane e meno esperto per governare, si serviva largamente dei consiglieri ed era privo di volontà propria e poco avvezzo alla vita politica. Infatti il Soranzo arrivò alla conclusione che con il cambio di sovrani aveva determinato un grande cambiamento in tutto il governo della situazione generale.

Il Soranzo spiega che il tempo di permanenza in Spagna non è stato probabilmente sufficiente per narrare tutti gli aspetti della monarchia spagnola, poiché essa è dotata di un vastissimo impero esteso in varie parti del mondo del quale inizia a farne una descrizione. I domini europei sono in Italia meridionale, nel ducato di Milano, nei Paesi Bassi con i quali sta sostenendo una dura guerra; calcolando anche quelli acquisiti dopo l'annessione del Portogallo, in Africa i domini si estendono nella costa mediterranea da Orano allo stretto di Gibilterra, nella cosiddetta Barberia, nella Guinea e in vari territori sino al capo di Buona Speranza; in Asia le Indie e le Molucche e in America possiede il Perù, congiunto alla Nuova Spagna e il Brasile, arrivando fino allo stretto di Magellano. La Spagna ricava naturalmente grandi ricchezze da tutti questi domini e l'oro e le merci che provengono dalle Indie, vengono in gran parte gestite finanziariamente dalla Repubblica di Genova che si può considerare uno Stato satellite dipendente dalla monarchia iberica. Poi affronta la consistenza della forza militare spagnola. Soldati e capitani provengono principalmente dalla Spagna e dall'Italia. Insomma la monarchia spagnola viene presentata nell'introduzione come lo stato più esteso al mondo e temuto e rispettato dagli altri stati.

La descrizione di Soranzo continua descrivendo la storia passata della Spagna, spiegando il suo essere stata dominata dai Cartaginesi, dai Romani e dai Goti fino al 713, quando iniziò la dominazione dei Mori, durata fino al 1492, quando furono scacciati dal re Ferdinando d' Aragona, che per aver conquistato le Indie e propagato la religione Cristiana, fu denominato re cattolico dal papa Alessandro VI, attributo assegnato a lui e ai suoi successori per aver difeso la religione Cristiana in luoghi molto lontani: i re di Francia, di contro, furono definiti re Cristianissimi. Inoltre Filippo II riuscì ad annettersi il Portogallo nel 1580, poiché il re Enrico, vecchio e malato, che successe al re Sebastiano morto in una disastrosa spedizione in Marocco, morì privo di eredi diretti.

Soranzo, seguendo la traccia consueta delle Relazioni, si dilunga in un'accurata descrizione della conformazione geografica. La Spagna è una penisola situata tra Francia ed Africa e separata dalla Francia dalla catena montuosa dei Pirenei. Lunga 250 miglia, la sua posizione è strategica per poter commerciare con gli altri stati poiché ha il mare per tre lati su quattro, ed ha relativamente facili vie di comunicazioni con Germania, Inghilterra, Brasile, Perù, Africa, Indie e Italia. Il territorio spagnolo è poco fertile perché poco coltivato e scarsamente popolato, ma produce frumento, vino, olio, sale e zucchero, oltre alle miniere e all'allevamento, ma se fosse più popolata sarebbe ancora più produttiva e i fiumi principali sono l'Ebro, il Tago e il Duero. La Spagna risulta poi divisa in tre regni; Aragona, Castiglia e Portogallo, corrispondenti agli antichi Tarragonese, Betica e Lusitania. Nel Tarragonese sono compresi i regni di Aragona, Valencia e Catalogna e in essi sono compresi le isole di Maiorca, Minorca e Ibiza e il regno di Napoli, Sicilia e Sardegna. Nella Betica sono comprese le due Castiglie, nuova e vecchia, l'Andalusia, Granada, Jaen, Navarra, Murcia, Biscaglia, Galizia, le Indie Occidentali, le Canarie e le fortezze nordafricane. La Lusitania è il Portogallo nel quale sono comprese l'Algarve, le isole Azzorre (Terzere), Brasile, Perù, l'Africa atlantica, le Indie Orientali e le Molucche.

Tra le regioni iberiche la Galizia è un territorio sterile e spopolato, l'Andalusia è un territorio ricco e fertile, la Castiglia è il regno più potente e costituisce il cuore politico e la macchina organizzativa di tutto l'impero; la Navarra pur essendo minuscola ha importanza per la posizione confinante con la Francia e quindi da utile avamposto agli attacchi e come regno fu annesso da Ferdinando d' Aragona, che lo tolse al re Giovanni usando una bolla di papa Giulio II. I regni di Aragona, Valencia e Catalogna sono più privilegiati rispetto agli altri e sono autonomi e non seguivano più di tanto le regole monarchiche e l'imperatore Carlo V tentò a più riprese di togliere loro i privilegi, intensificando la presenza dell'Inquisizione. Filippo II, nei confronti di questi territori sottomessi in passato cercò di agire con prudenza, per l'importanza della loro posizione geografica confinante con la Francia.

Ma è sul piano del governo che si può misurare il potere dei monarchi spagnoli. Gli obblighi verso il re sono quello di dare 600000 scudi ogni tre anni e il re ha sempre cercato di mantenere le Cortes, come rappresentanza politica, e di restituire loro alcuni privilegi. Le città sparse nei Regni sono belle, come Saragozza, Barcellona, Burgos, Madrid, Toledo; Pamplona, Bilbao; Santiago de Compostela, Evora, Lisbona, Valencia, Granada e Leon, ma non riescono a spiccare rispetto alle altre città europee.

Il re ha poi una grande autorità in Spagna sui suoi sudditi, sulla religione e controlla tre importanti ordini cavallereschi di San Giacomo, Alcantara e Calatrava, oltre a quello di Mondessa e a quelli presenti in Portogallo. Inoltre crea presidenti, vicerè, luogotenenti, capitani e generali ed ha grande discrezione nelle nomine. Gli spagnoli hanno molti privilegi, ma vengono conferiti dal re, che così può dominarli. Il re conserva poi la possibilità di conferire i beni ecclesiastici e ciò lo rende molto riverito, mentre in altri stati questa facoltà è nelle mani del Pontefice. In tal senso va segnalata l'attenzione del Soranzo alle rendite ecclesiastiche. In Spagna sono presenti 11 Arcivescovati, compresi i 3 del Portogallo ed il maggiore è quello di Toledo che ha per rendita intorno ai 300000 scudi; quello di Siviglia rende 150000 scudi ed è molto ricco di terre. I Vescovati sono 62 e le loro entrate vanno dai 6000 ai 50000 scudi e questi benefici li può concedere il re, in virtù della concessione fatta ai suoi predecessori per aver scacciato i Mori dalla Spagna; con la conseguenza che i prelati spagnoli ripongono più fiducia nel re che nel papa e a volte questo conferimento di cariche ha portato ad assegnarle ad elementi mediocri come l' arciduca Alberto che ricopre la carica di Arcivescovo di Toledo, per la sua propensione a seguire fedelmente le istruzioni del re.

Il re, secondo Soranzo, sfrutta abilmente le cariche religiose per tenere in pugno molti nobili e religiosi e chi riceve un beneficio dal re difficilmente gli nega il suo aiuto. Se da una parte i preti vorrebbero sottomettersi soltanto al Papa per vivere più comodamente, dall'altra con il re si sentono più protetti. L'Arcivescovato di Toledo è così ricco da dispensare 12000 scudi tra uffici e benefici. Un altro Arcivescovato importante è quello di Siviglia, ma molti prelati non sono così pii e morigerati come dovrebbero essere e così non praticano il voto di povertà: ma, si osserva, ciò non vale per tutto il clero, perché chi possiede ricchezze sono giusto gli alti Prelati e i Beneficiati.

Un altro aspetto dell'autorità reale è quello di poter conferire gli ordini di Cavalleria e questo permette di ricevere un servizio adeguato da parte di chi ottiene queste cariche, con l'effetto di una crescita spropositata dei militari obbligati a servirlo.

I tre Ordini di San Giacomo, Alcantara e Calatrava avevano dei maestri propri, ma quando il re Ferdinando il cattolico, d'accordo con il Pontefice, li pose sotto l'egida della corona li rese innocui e incapaci di compiere ha prevenuto delle sollevazioni possibili. Da questi prestigiosi Ordini il monarca spagnolo ricava 400000 scudi ed oltre a questi va ricordato anche quello di Valencia, definito anche di Mondessa, del quale il re Filippo II si è autonominato maestro per tenerlo completamente in pugno.

In Portogallo vi sono invece i tre ordini di Cristo, Santiago e Ajus, tutti dispensati dal re, ma come quello di Mondessa non hanno l'importanza dei primi tre spagnoli. I cavalieri, ai quali vengono conferiti questi ordini, ne hanno un grande prestigio e perciò sono pronti anche a rinunciare al compenso; altri ordini sono quelli dei Cavalieri di Malta ed il Priorato di San Giovanni e un altro ancora, di derivazione portoghese, è il Priorato di Crato.

I ceti sociali spagnoli, come citato dal Soranzo alla pagina 49 della relazione sono divisi tra nobili e gente minuta e durante il periodo di Filippo III i Grandi, facenti parte dei nobili, sono tenuti in grandissima considerazione e il regime del *valimiento* con l'influenza dei Grandes su Filippo III costituisce un punto di non ritorno nell'organizzazione della corte spagnola.

I nobili sono composti da 22 duchi, 25 marchesi e 13 conti che hanno entrate che vanno dai 15 ai 150000 scudi. I Grandi di Spagna hanno questo nome poiché sono tali per natura e discendenza e il re ha per loro un maggiore occhio di riguardo. I *Grandes* spagnoli complessivamente sono 49 e tra loro vi sono dei duchi: ai tempi di Filippo II questi Grandi non erano molto considerati e tantomeno riuscivano ad essere influenti a corte, mentre con Filippo III hanno ripreso ad avere importanza e il re li ha di fatto riammessi a pieno titolo nel suo consiglio.

Dal punto di vista comportamentale i Grandi si caratterizzano per una certa superbia, specialmente con i forestieri e sono molto saccenti, pur non avendo studiato molto da giovani e non essendosi esercitati nelle lettere e nelle armi. Nelle guerre accettano di andarci soltanto con il titolo di Generale e in genere sono molto inesperti di strategie militari. Da ciò deriva che il re ha una certa penuria di generali veramente capaci. Filippo II ha cercato sempre di tenerli lontano dal governo per non dar loro occasione di acquistare potere e di assecondare la loro fatua superbia: i suoi ministri spesso non avevano origini nobili.

I Principi di Castiglia hanno come unico obbligo verso il re di servirlo in guerra e sono molto uniti tra loro nel sostenere i privilegi di cui godono, come mantenere le tasse sempre uguali oppure resistere al re di fronte a decisioni impopolari nei loro confronti. Le loro entrate sono male amministrate e sciupano i loro patrimoni con grande disinvoltura; i loro primogeniti sono gli eredi, gli altri figli o ricevono qualcosa dal fratello maggiore o sono obbligati a cavarsela da soli, con la carriera ecclesiastica o negli impieghi militari, oppure sposandosi con mogli benestanti e acquisendo il loro cognome.

I Grandi sono più onorati e considerati da Filippo III, ma la giustizia nei loro confronti è sempre applicata con una certa severità.

Proseguendo l'analisi, dopo i Grandi, l'ambasciatore si occupa di descrivere il resto della piramide sociale. I Grandi sono seguiti dai Signori titolati di contadi e marchesati: anch'essi, a detta del Soranzo, vanitosi come i Grandi. Più in basso nella scala gerarchica vi sono i Cavalieri, i Dottori, gli Idalghi (hidalgos) e la gente minuta. Di questi, i Cavalieri servono il re in guerra, i Dottori si occupano della giustizia, gli Idalghi hanno natali prestigiosi ed il privilegio di riscuotere i dazi. Per chiamarsi Idalghi, riprendendo la teoria spagnola della *limpieza de sangre*, devono avere almeno quattro generazioni di genitori di origine cattolica e non Moreschi o Marrani. A differenza dei cristiani convertiti, anch'essi sono molto superbi e sprezzanti e non amano molto lavorare. La gente bassa e minuta fa numero e sono molto poveri e tra i poveri ci sono anche i principi che vogliono vivere con fasto pur non avendone i mezzi e disprezzano il dover essere costretti a lavorare. Da quest'analisi emerge una scarsa attitudine da parte dei vari ceti spagnoli nel percepire il senso della cosa pubblica, comune alle varie classi, attraversate dal culto dell'*honra*, onore.

Tra tutti i vassalli di Spagna i Castigliani sono i più privilegiati, i più bistrattati sono i vassalli di Aragona, Valencia e Catalogna, mentre i Biscaglini si sentono i più puri tra i nobili, poiché non hanno mai subito delle invasioni da parte dei Mori e abitano territori immuni dalla presenza di Marrani. Di contro si segnala la presenza massiccia di Moreschi e Marrani, soprattutto a Granada, Valencia e in Andalusia. I Moreschi vengono considerati della stessa razza dei Turchi e i Marrani vengono ritenuti ancora Ebrei, pur vivendo tra i Cristiani i Moreschi, hanno dissimulato la loro conversione. Pur andando in chiesa per timore della giustizia, specialmente i Marrani vivono in apparenza cristianamente, ma tutte e due queste razze sono prive di *limpieza de sangre*, e provare a scacciarli dalla Spagna viene ritenuto molto rischioso, per il loro numero e per la possibilità di coalizzarsi in Africa riunendosi con i loro correligionari e progettare addirittura di assaltare la Spagna, in considerazione delle conoscenze che ne hanno. Perciò si cerca di tenerli il più possibile sotto tutela e separati tra loro, continuando ad approfittare delle loro competenze agricole indispensabili per non rendere la penisola iberica incolta e priva di una popolazione industriosa.

Duro in conclusione il giudizio dell'ambasciatore. Gli spagnoli hanno natura quieta e sono molto timorati della giustizia e della religione però sono avidi, superbi ed inclini al lusso, con poca voglia di lavorare e insolenti con i forestieri; gli Idalghi, in particolare, amano moltissimo ostentare le loro ricchezze e sono molto nemici dei principi, poiché quando il re impone nuove tasse loro non sono soggetti ad esse.

Gli Spagnoli sono poco inclini al lavoro e allo studio che spesso abbandonano. Amministrano male le loro ricchezze arrivando ad indebitarsi seriamente sperperando nell'ostentazione del lusso. Come nella circostanza del matrimonio tra Filippo III e Margherita d'Austria, celebrato il 20 maggio 1598 a Valencia nel quale i molti nobili invitati si vestirono con uno sfarzo incredibile. Un altro aspetto degli Spagnoli è l'amore per le passeggiate e per il gioco d'azzardo, conducendo una vita molto notturna e dormendo molto la mattina. Conducono una vita da sfaccendati, amando umiliare i deboli e sottomettendosi invece servilmente ai più forti.

La Spagna è povera dal punto di vista architettonico e delle attività artigianali ma possiede di contro una devozione religiosa spiccatissima. I Grandi di Spagna sono molto contenti di essere governati da Filippo III, poiché li tiene in grande considerazione, mentre grande è l'insoddisfazione dei Mori, dei Marrani e dei Sambeniti, oltre che dei Portoghesi, Aragonesi, Valenzani e Catalani. Tuttavia, il re non ha nulla però da temere dal malcontento di alcuni suoi vassalli, poiché essi non hanno grande seguito da parte della popolazione; e sostanzialmente con la loro fedeltà sostengono la grandezza della corona spagnola ed hanno una spiccata alterigia d' animo. I Sambeniti hanno un sentimento di odio nei confronti del re, del governo e della giustizia indistintamente, poichè discendono da coloro che sono stati condannati dall'Inquisizione. Questo nome deriva da un cartello bianco nel quale si scrivevano i dati di chi era stato condannato dall'Inquisizione e sotto all'iscrizione veniva disegnata una croce rossa; siccome le condanne ricevute si tramandavano anche ai posteri, coltivavano sempre e comunque una profonda ostilità verso lo Stato (in ciò si possono accomunare ai Marrani ed ai Moreschi) e costituiscono un pericolo potenziale contro il re, il quale ha tuttavia dalla sua parte i Grandi e il clero, oltre all'Inquisizione e ciò gli permette di prevenire ogni minimo tentativo di macchinazione nei suoi confronti.

La Spagna è attaccabile dal mare dal Nordafrica, ma sul Mediterraneo l'unico porto dotato di capienza giusta per una flotta reale è quello di Cartagena. Invece la costa atlantica è ricca di porti, soprattutto in Biscaglia e Galizia e l'Inghilterra è lo stato che potrebbe attaccarla più facilmente per la vicinanza. La Francia è lo stato che confina con la Spagna, ma i Pirenei formano una barriera naturale, a difesa delle frontiere vi sono le fortezze poste a Salses, Perpignan, Leucate, Rosas, Pamplona, San Sebastian, Fonterabia, San Giovanni da Luz e Bayonne oltre a Barcellona, Alicante, Cartagena, Malaga e Cadice. Queste ultime fortezze non hanno così tanta forza da resistere ad un attacco veemente. In campagna sono presenti dei piccoli castelli costruiti dai Mori per difendersi dalle scorrerie dei ladri. In caso di invasioni più serie l'ostacolo più potente è la sterilità del territorio. In questo periodo due situazioni difficili hanno fatto capire al re che comunque vive al sicuro in Spagna: la prima sono i moti d'Aragona, causati dall'arresto da parte dell'Inquisizione dell'ex ministro reale

Antonio Perez che, con la protezione della gente lui riuscì a scappare, sebbene la sua famiglia non sfuggì alle ritorsioni; la seconda fu lo sbarco inglese a Cadice del 1596, col quale gli inglesi speravano di provocare una sollevazione, ma la popolazione rimase quieta e poterono soltanto compiere limitati saccheggi.

Sempre per la difesa confinaria e costiera a Spagna ha a disposizione 1500 soldati, 1000 cavalli leggeri e in Navarra 1000 fanti e si muovono a seconda delle necessità. A Burgos sono presenti le munizioni e le artiglierie; altre munizioni sono presenti alle frontiere e nei territori costieri, a Pamplona, Barcellona, Valencia, Alicante e richiedono 50000 soldati. La marina ha a disposizione 25 galee armate e servono a fare guardia alle coste del Portogallo e dello stretto di Gibilterrra. Nelle ultime Cortes tenutesi a Barcellona si decise di armare 4 galee solo a difesa della città, vista la moltitudine di navi barbaresche presenti nel Mediterraneo, e per le attrezzature militari la Spagna si rifornisce principalmente presso il ducato di Milano.

Grande attenzione è posta alla questione delle risorse finanziarie e del volume monetario. Le entrate ordinarie riguardanti soltanto la Spagna ammontano ad 8000000 in oro, in buona parte ricavabili dal dazio dell'Alcabala, che è una tassa del 10% su tutto ciò che si compra e si vende; il dazio dell'Almoxarifazgo di Siviglia, dazio che veniva pagato per tutte le merci che entravano ed uscivano via mare; 400000 il servizio ordinario di Castiglia; 400000 la decima dei porti e 400000 per divenire Gran Maestro degli ordini religiosi di cavalleria (*Maestrazgo*); i regni di Aragona, Valenza e Catalogna apportano ogni tre anni 600000 scudi e il re ha l' obbligo di riunire le Cortes ogni 3 anni. Per ottenere sempre più denaro si ricorre a tutto: ogni espediente è buono come vendere i beni comunali, detti *tierras vacias*, vendere - secondo una prassi diffusa nell'epoca - gli uffici, oltre ad abbassar la qualità del metallo prezioso e la lega delle monete. Far rimanere la moneta all'interno della Spagna e trovare poi il denaro non è facile per il re, poiché Genova non è più disposta a prestare denaro come in passato per timore delle bancarotte; infine, in via ipotetica, l'alienazione di terreni nelle Indie viene comunemente considerata una via d'uscita nelle ristrettezze finanziarie.

Come sostiene il Soranzo, si aveva in mente di imporre una tassa sulla macina in grado di apportare 3500000 di entrata annua. Inoltre i Moreschi hanno devoluto gratuitamente al re 1000000 in oro per continuare a godere dei loro privilegi.

Le spese straordinarie sono quelle per sostenere le guerre e le entrate ecclesiastiche dipendono dalle tre grazie dei sommi Pontefici: esse sono la Cruzada, il Sussidio e l'Excusado. La Cruzada è una bolla ed è stabilita sulla base di una dispensa papale che permetteva la libertà di mangiare le uova alla vigilia del Giubileo, è annuale ed apporta complessivamente 800000 scudi, e fu concessa inizialmente quando i re di Spagna combattevano gli islamici e dispensavano queste indulgenze a chi combatteva contro i Mori. Il Sussidio è concesso dai Pontefici e permette di riscuotere 600000 scudi annui dai beni ecclesiastici per mantenere 100 galee armate contro gli infedeli, e tra queste sono naturalmente comprese le navi per combattere gli eretici di Fiandra e Inghilterra. L'Excusado è un'autorità concessa al re dalla Sede apostolica per scegliere da tutte le terre un beneficio a sua soddisfazione e ciò apporta 400000 scudi. Altre ricchezze il re le ricava dispensando i Vescovati e tutte le entrate, sommate a queste ultime, apportano 16000000 scudi d'oro che formano una somma così alta che nessun altro stato è in grado di mettere insieme. Filippo II ha speso però così tanto da aver consumato tutto l'oro, al punto che complessivamente negli anni passati ha consumato 700000000 di scudi in oro, con i denari in circolo spesso passavano in mani sbagliate, per cui i tempi di pagamento si prolungavano e le milizie si ammutinavano sovente per la mancanza di salario. A questo si aggiungono altri 5000000 di entrate provenienti da Cruzada, Excusado, Sussidio, denari dalle Indie per 2500000 l'anno, Maestrazghi, regni d'Aragona e altri donativi straordinari.

La religione in Spagna è molto sentita e la popolazione è molto devota e viene usata per tenere a freno i popoli. Grande cura è rivolta ad evitare la diffusione delle eresie presenti in Francia, Germania, Fiandra ed Inghilterra e si usa per prevenire le sollevazioni di Moreschi e Marrani. Il re fa in modo che sia veneratissima e seguita con rigore la religione cattolica e temuta l'Inquisizione. Le chiese sono molto frequentate e si svolgono continuamente cerimonie e processioni per festeggiare eventi religiosi e si esercita la carità, ma non troppo sollecitamente. Questa cura che il re riserva alla religione torna utile per ottenere le corresponsioni del mondo ecclesiastico.

La conservazione dei territori e la lotta contro eretici e infedeli necessita del mantenimento di poderosi eserciti e quindi di ingenti somme di danaro che sono il prezzo da pagare per la politica interna e estera della monarchia spagnola.

Soranzo si sofferma sul Portogallo. Filippo II occupò nel 1580, con una breve campagna militare, il Portogallo, col pretesto di essere nipote di Emanuele IV Aviz, ma soprattutto per la sua posizione strategica sull'Oceano Atlantico: e fu conquistato dopo una grave crisi successoria che provocò l'insoddisfazione dei nobili portoghesi che si sentivano scavalcati e trascurati dalla Castiglia Il territorio portoghese è facilmente attaccabile dall' Inghilterra e sono state costruite due fortezze a Lisbona e Setubal per proteggersi, e poste un certo numero di galere a guardia delle coste. Le forze militari portoghesi ammontano a 30000 fanti e 6000 cavalli, ma hanno un personale militare più adatto alla marineria e troppo irruente. Lisbona è la capitale del Portogallo e si trova alla foce del Tago, in una posizione favorevole e predisposta ai traffici marittimi. Tuttavia, negli ultimi tempi parte della popolazione è emigrata in Brasile e nelle Indie Orientali, oltre al problema che i mari risultavano più infestati dai corsari rispetto al passato. Filippo III in Africa possiede le tre fortezze di Oran, Mers el Kebir e Penon dipendenti dal regno di Castiglia; Ceuta, Tangeri, Larache e Mazagan dipendenti dal regno di Portogallo e servono per proteggersi dagli assalti da parte dei Mori e dei Turchi e richiedono 1300 fanti al servizio; in Guinea è presente la fortezza della Mina, che serve da scalo per le navi dirette verso le Indie e nelle vicinanze è presente il castello di Arguin; e da questa zona peraltro si ricavavano molti schiavi negri. Le

Indie Orientali apportano molte spezie, ma non soldati per le guerre; nel Golfo Persico è commercialmente strategico il porto di Ormuz, in India è molto importante Goa, e di fronte a Sumatra è notevole la fortezza di Malacca, utile come base per commerciare con le isole Molucche e le Filippine. Un sistema di basi logistiche per accompagnare e favorire le iniziative legate al commercio delle spezie, risorsa molto importante proveniente dalle Indie Orientali, e tra le quali predomina il pepe. Questi domini asiatici sono circondati dal mare e quindi non sono attaccabili da terra, ma hanno il problema della distanza dalla Spagna per poter spedire le armi e i soldati velocemente.

Nelle Indie Occidentali si trova il vicereame della Nuova Spagna: la capitale da Cuzco è stata spostata a Lima, mentre la sede del governatore delle isole è a Santo Domingo. La Nuova Spagna esporta cotone, oro ed argento che forniscono al re oltre 2000000 di scudi annui: due volte l'anno partono delle flottiglie dirette verso le Indie Occidentali verso la Nuova Spagna e verso le isole, ma tutte a rischio di assalti pirateschi da parte degli inglesi e degli olandesi. Come nel 1598 quando venne assaltato Portorico dagli Inglesi.

Gli Indiani nativi non sono per nulla bellicosi e gli Spagnoli li hanno facilmente assoggettati; con qualche eccezione come gli Araucani nell'America meridionale e i Chichimechi in Messico.

Per popolare queste colonie si inviano uomini e donne iberiche, ma il popolamento di queste colonie rischia di provocare un grave depauperamento demografico della Spagna. Una volta trasferiti nel Nuovo Mondo, gli spagnoli si sposano e si arricchiscono. Il re, da parte sua, non mostra l'intenzione di molestarli per timore contro la madrepatria. I soldati inviati da quelle parti dopo poco tempo perdono il coraggio e si imborghesiscono per andare solo alla ricerca dei guadagni e di averi. Dalle miniere del Perù si estraggono oro ed argento. Esse sono molto estese e, secondo la descrizione del duca di Medina Sidonia, hanno una lunghezza di 30 leghe ed una larghezza di mezza lega.

L'Italia è suddivisa nel regno di Napoli, regno di Sicilia, ducato di Milano. Soprattutto da Milano e dai possedimenti meridionali trae personale militare e le navi. Il viceregno di Napoli ha molta importanza per la Spagna, poiché permette di tenere sotto controllo lo Stato Pontificio; e perciò il re cerca di mantenere sotto la sua autorità i nobili locali, evitando il formarsi di terribili alleanze antispagnole. Il viceregno di Napoli confina per 150 miglia con lo Stato Pontificio ed è circondato per 3 parti dal mare assumendo l'aspetto di una penisola, molto esposta alla guerra navale di corsa. Per difenderla il monarca ha armato delle galee, 1000 soldati e 450 cavalli per le coste con funzioni di vigilanza e controllo. Il regno ha complessivamente a disposizione 24000 fanti, ai quali si aggiungono 4000 fanti spagnoli comandati da un Maestro di campo. Napoli è dotata di un arsenale per ovviare a tutti i bisogni delle armate reali; e poi, essendo le terre vicereali in gran parte fertili, sopperiscono ai bisogni di olio, vino, grano, seta, lana: generi che vengono anche esportati e finiscono per arricchire specialmente i signori locali.

Le entrate prodotte dal regno di Napoli ammontano a 2500000 di scudi annui nei quali va compreso un donativo straordinario di 1200000 scudi; e ne escono 40000 per il mantenimento dell'imperatrice, 40000 per l'infanta Isabella, 40000 al re di Polonia per restituire i 400000 prestati a Carlo V per la guerra di Sassonia. Nel viceregno di Napoli sono presenti 14 principi, 25 duchi, 37 marchesi, 54 conti, 488 baroni, oltre a 1500 feudatari tenuti, in linea di principio, a servire il re in guerra. In realtà i nobili sono scontenti del governo spagnolo, poiché non tributa loro la giusta considerazione e li tiranneggia, con i viceré che pensano più al loro prestigio e al loro ruolo predominante che al benessere del popolo governato. Tuttavia, il ceto nobiliare, non avendo capi, non riesce ad organizzare politicamente e militarmente i sentimenti e i desideri di rivolta. Il regno prima degli spagnoli fu governato dai francesi con Carlo d'Angiò, incoronato re di Napoli e Sicilia da Clemente IV il 6 gennaio 1266, e poi venne assoggettato dagli Aragonesi e infine agli spagnoli con l'avvento di Ferdinando il Cattolico. I vari cambiamenti non hanno cambiato la servitù della popolazione ai dominanti, e così una parte consistente degli abitanti vivono in miseria; e alcuni si danno al banditismo nascondendosi nelle montagne, uscendone soltanto per essere arruolati in caso di assalto turco.

Il regno di Sicilia è strategicamente importante come il viceregno di Napoli per la sua posizione geografica per prepararsi per tempo a scacciare gli eventuali attaccanti, essendo dotato di fortezze per la difesa e buoni ripari per le galee reali. La contribuzione fiscale annua è di 600000 scudi, oltre a 200000 scudi straordinari; sono presenti 2500 fanti spagnoli e potenzialmente si possono ottenere 25000 fanti dai siciliani, che però sono noti per essere poco obbedienti. In Sicilia ci sono pochi villaggi, poiché la popolazione vive prettamente in città, per sfuggire ad eventuali assalti e Palermo ne è la città principale dotata anche di buone mura.

La Sardegna ha titolo di regno e la Spagna si serve di un viceré per governarla; anch'essa è fertile come la Sicilia, ma meno abitata e coltivata, oltre ad essere vicina alla Barberia e quindi soggetta alle invasioni dei corsari. E' protetta da 3 fortezze, delle quali la principale è quella della città di Cagliari ed offre 10000 fanti per la guerra, in genere gente feroce ma indisciplinata.

Maiorca produce frumento, olio e fornisce buoni soldati, Minorca è fertile ed esporta sali che procurano molto utile alla corona.

Il ducato di Milano è sottoposto alla Spagna da quando Carlo V investì suo figlio Filippo II dopo la morte dell'ultimo Sforza, ed è posto in una posizione geografica molto importante, fungendo da crocevia con il resto dell'Europa. Baluardo contro i Francesi è un territorio molto fertile ed assicura il regno di Napoli da questi ultimi, oltre al fatto che il re è alleato con altri principi italiani. Milano serve anche per il controllo della Svizzera, il ducato di Savoia gode dell'imparentamento con Filippo III. Genova è obbediente e fedele, lo Stato Pontificio è rispettoso per l'unione dei pontefici con la Spagna, Mantova per la devozione del principe, e Venezia prudente e non malevola verso la Spagna. Il

Marchesato di Saluzzo, al quale i Francesi hanno rinunciato grazie al trattato di Lione del 17 gennaio 1601, serve come passaggio alle truppe spagnole dirette verso le Fiandre. Il ducato di Milano apporta oltre 1000000 di scudi che vengono adoperati per il pagamento di milizie, presidi e ministri. Si mantengono più di 5000 fanti per la difesa, dei quali 400 alloggiano nel castello di Milano, che costituisce la migliore fortezza del ducato se paragonata a quelle di Alessandria, Cremona, Pavia, e Novara, Lodi. Milano dunque risulta essere una città grande e ricca, a capo di uno stato che potenzialmente è in grado di offrire 30000 soldati, ma il problema è che gli spagnoli vessano la popolazione, soprattutto per gli alloggiamenti militari, e le continue estorsioni che irritano spesso la nobiltà locale incapace di reagire e sostanzialmente compromessi con il potere dei governatori.   Filippo III possiede in Toscana le tre fortezze di Piombino, Port'Ercole ed Orbetello, utili per tenere a freno il granduca mediceo e fronteggiare lo Stato Pontificio. Da questi territori ricavano 8000 scudi annui, pur richiedendone di più per il mantenimento.   A Piombino bisogna aggiungere in Emilia Correggio, situato in un crocevia tra Ferrara, Modena e Reggio Emilia che divenne possesso spagnolo grazie ad una richiesta d'aiuto della famiglia locale; Finale Ligure e Monaco per poter controllare la parte occidentale del Mediterraneo fino a Gaeta.

L'obiettivo politico principale della monarchia spagnola in Italia è il mantenimento dell'egemonia, il contrasto delle mire francesi sui territori italiani, un lavoro di divisione dei principi italiani: attraverso queste strategie passa la cosiddetta la "quiete d'Italia", poiché da essa dipende tutta la Cristianità.

Il Soranzo, in una serie di dispacci che vengono di seguito riportati, dimostra la ferma volontà spagnola a conservare immutata la situazione con un atteggiamento conservativo sotto l'egemonia della monarchia iberica. Infatti in questo dispaccio presente a pagina 110 della relazione il Soranzo enuncia che:

"Serenissimo Principe,

A'15 del presente mese mi vennero le lettere di Vostra Serenità del 14 del passato, con l'avviso delle provvision da guerra che si facevano sopra lo stato di Milano, et a' 19 che fu il giovedì santo la notte venne il corriere espeditomi dalle EE. VV. con lettere del 2 del presente, che mi commettono l' officio di far col re in questi propositi; onde io, intendendo l'esecuzione di questa commissione con quello spirito che si deve, procurai il giorno seguente che fu il venerdi santo, di avere da S. M. l'audienza, et mi fece rispondere il signor marchese di Vellada, che passate che fossero le occupazioni di questa settimana, subito me la darebbe il re; non mancando io frattanto con tutti li mezzi possibili di andar penetrando nelli fini che si tengono qua in questi apparati.

Questa mattina però giorno della ss. Pasqua, dopo essere stati col re in cappella, mi diede S. M. l'audienza, et io in essa esposi la commissione che tengo da V. Ser., procurando di non lasciar di dirle cosa che potessi immaginarmi che fosse di servitio della Serenità Vostra, et per dichiarare la sua volontà e per scoprire quella della Maestà Sua.

"Mi rispose però S. M. con faccia molto allegra che ringratiava V. Ser. di questa comunicatione et della

continuazione della sua buona volontà la quale disse, che teneva molto ben conosciuta con veri effetti, e che all'incontro Ella poteva essere molto certa et sicura che le sue forze non solo si sarebbero impiegate mai contro di Lei, ma bene per ajutarla et per difesa dalle cose sue, sempre che fosse stato bisogno, e che avrebbe sempre grandemente a cuore il bene et la quiete della Christianità.

Io le replicai che restavo consolato grandemente di questa cortese risposta della Maestà Sua che si era meritata pel singolare affetto della Serenità Vostra verso di lei, et che sopra la sua real parola io avrei scritto a V. Ser., assicurandola non solo che le cose et lo stato suo non riceverebbero travaglio dalle armi di S. M., ma che in Italia non si sarebbe per questa occasione veduta commozione alcuna; aggiungendogli, per cavar di vantaggio alcuna cosa dalla bocca di S. M., che io avrei scritto a nome di lei esser vero, quello che ho inteso, che sarebbono presto cessati questi sospetti cogli ordini che ella avea dati, che queste genti fossero mandate in Fiandra, parte in servitio all'arciduca Ferdinando suo cognato, et anco una parte in ajuto dell' imperatore. Fece il re un poco di ciera da ridere, et quasi mandò segno che non ardissi risponder di più et mi disse con poche parole: *Così mi piace e potete accertare la repubblica della mia buona volontà, e che mi rallegrerò sempre di corrispondere a quelli effetti che conosco in lei di vero amore che mi porta"*.

Di Vagliadolid li 22 aprile 1601

Dai successivi dispacci rilevasi che il duca di Lerma diede al Soranzo risposta simile al re, e che il confessore, il conte di Vellada ed il contestabile di Castiglia lo confermarono.

Tali provvedimenti vennero partecipati al Soranzo colla seguente lettera dei Savii del Consiglio e di Terraferma:

2 Aprile 1601

All'ambasciator nostro in Spagna.

"Essendo noi da tutte le parti avvisati che le provvisioni dei signori Spagnuoli alla guerra, che colla nostra di 14 del passato vi scrivessimo prepararsi anche da poi della conclusione della pace, in Milano non solo cessate non sieno, ma vi si attendi con maggior diligentia et sollecitudine di prima per ridurle a perfezione, né potendosi intendere a qual fine tendano questi tanti apparati lasciandosi quel signor Governatore intendere di farli per ordine di Spagna, senza saperne della volontà della Maestà Sua, abbiamo noi anchora, per ragioni di buon governo, per riputation pubblica et per consolazione dei nostri sudditi, convenuto pensar alla sicurtà et difesa delle cose nostre. Et perciò abbiamo spedito il segretario Padovino in Lorena al conte di Vademont, per leva di 2000 fanti per hora di quella gente, et abbiamo per lo stesso effetto spedito in Svizzera il seg. rio Girardi, et dati anche altri ordini per altra fanteria et cavalleria, et deliberato eleggere 40 governatori di galea. Habbiamo di più inviato due nobili nostri Provveditori a Bergamo l'uno, a Crema l'altro, et fatto partire il nostro Provveditore generale in terraferma a ciò questo e quelli possano provvedere e assistere a tutte quelle occasioni, che potessero essere necessarie alla sicurtà et difesa dello Stato nostro.

Questi sono gli stati posseduti da Filippo III e grazie alla ricchezza di materie prime e di sudditi fanno in modo che sia il re più potente del mondo e gli danno una grande reputazione ed in mare tiene due armate, una per l'Oceano per tutelarsi dagli Inglesi ed una nel Mediterraneo per tutelarsi dai Turchi. Gli Inglesi sono un grosso problema perché predano spesso e volentieri le navi e il re rimedia fabbricando nuove imbarcazioni usando il legname della Biscaglia ed i marinai da Siviglia e dal Portogallo, ma c'è scarsità di artiglierie e in caso di bisogno se le sono fatte mandare da Napoli e da Amburgo e, in caso di estremo bisogno il re si serve di navi forestiere, ma spesso sono state maltrattate in passato e non si prestano volentieri ad aiutare il re. Anche i soldati sono maltrattati e quando possono fuggono dalle navi. Queste forze sono necessarie al re per tenere in scacco la Francia e l'Inghilterra e difendere i propri stati e ogni anno è necessario armare dai 50 agli 80 vascelli e Federico Spinola fu incaricato di fabbricare 12 galeoni in cambio del titolo di generale, considerando che in precedenza il generalato delle armate dell' Oceano era nelle mani dell'Adelantado di Castiglia, ora morto e c'è la possibilità che il titolo venga conferito a Don Giovanni di Cardona, che quest' anno ha comandato l'armata cattolica.

L'armata del Mediterraneo è di 72 galee, che sono 20 in Spagna, 16 a Genova, 24 a Napoli e 12 in Sicilia oltre ad 8 presenti in Portogallo e molte vengono prese in affitto dal re per 7000 ducati l'anno per galea e i capitani le tengono male per risparmiare sulle spese e maltrattano l'equipaggio, che è di qualità scadente. Le galee di Genova sono le meno peggio e nel 1601 erano comandate da Giovanni Andrea Doria che, messosi a capo di una flotta composta da navi spagnole, genovesi, pontificie, genovesi e toscane tentò l'impresa di Algeri, poi fallita a causa dei venti contrari.

Per accrescere i vascelli il re ha a disposizione molto legname, ma c'è scarsità di capitani atti a governare le galee e gli Spagnoli sono poco atti perché vili e non colgono l'occasione quando si presenta loro e di galeotti da condannare al remo non c'è abbondanza, pur condannandone molti al remo. Filippo II fu consigliato di accrescere il numero delle galee a disposizione della Spagna per il motivo che i domini della Spagna erano lontani tra loro e il vecchio principe Doria era a favore di questa teoria perché accrescere il numero delle navi da parte della Spagna avrebbe portato i Turchi ad affrontare grandi spese per accrescere la loro flotta senza per questo guadagnarne in sicurezza. La milizia marittima dai tempi di Filippo II si è deteriorata perché oltre ai disordini contribuì la natura del principe Doria, più propenso a corseggiare che a comandare da capitano e non rischiava le imprese per non rischiare il proprio capitale e si era arricchito ancora di più in questo periodo. Filippo II stimava moltissimo il principe Doria, soprattutto per la lunghezza del servizio che gli aveva reso, mentre invece il duca di Lerma tramava per offrire l'Adelantado al suo *consuegro*, che significa consuocero, e quando Doria disse di voler mollare il suo ruolo causa sopraggiunti limiti di età il re gli disse di essere molto grato del suo operato, ma la non riuscita dell'impresa di Algeri lo rese odiato a tutti gli Spagnoli per aver deluso le loro speranze, poiché Algeri era un ottimo ricetto per i corsari che attaccavano le navi e per i sospetti di macchinazioni tra i Mori e i Moreschi di Spagna, dovute alla loro rispettiva vicinanza. La mancata impresa di Algeri ha provocato l'insoddisfazione di Filippo III e anche il duca di Lerma, mal disposto verso il principe Doria e nel ruolo di Adelantado dovrebbe succedergli Don Giovanni di Cardona, anche se si pensa che un giorno il re voglia offrire questo ruolo ad uno dei figli del duca di Savoia per gli interessi comuni tra i due stati e si può affermare che Filippo III, eccetto che ai Savoia, non conferirà questo ruolo ad alcun italiano.

I capitani subordinati sono Don Carlo Doria per la squadra di Genova, Don Pietro di Toledo per la squadra di Napoli e Don Pietro di Leva per quelle di Sicilia. Don Carlo Doria è un giovane inesperto e molto altero e naviga solo quando gli conviene ed è poco adatto per essere capitano se non migliora. Don Pietro di Toledo è molto superbo nel comandare le galee e ciò lo rende molto odiato anche da parte dei soldati. Don Pietro di Leva ha una scarsa reputazione e per questo non ha molta voglia di mettersi a capo di un'impresa e tutt'al più si occupava soltanto di preparare i vascelli".

Soranzo torna ancora a descrivere le forze navali e terrestri della monarchia. Le galee di Spagna dopo la morte dell'Adelantado sono finite in mano al marchese di Santa Croce, figlio di quello che fece parte della Lega Santa a Lepanto, ma privo delle qualità paterne. A Barcellona è presente un piccolo arsenale per fabbricare navi utili a Genova e alla Spagna. L'arsenale di Napoli è buono per fabbricarne di nuove e riparare quelle vecchie. L'arsenale di Genova è piccolo, ma sempre al servizio del re.

Le forze terrestri della Spagna non sono però ridotte nel loro complesso, perché il re riesce a combattere in Fiandra, ad aiutare il duca di Savoia a Saluzzo e a contrastare l'Inghilterra. La Spagna può contare ogni anno su 6000 fanti volontari, ma dall'Andalusia si possono cavare altri 16000 fanti e da Valencia altri 10000, sebbene vi sia una scarsa organizzazione nel radunarli e nell'essere tempestivi rispetto alle esigenze della potenza militare. Infine il re ha molti soldati, ma è costretto ad impegnarli e dividerli per lottare sui diversi fronti aperti, Né la disciplina è sempre ottimale, come nel caso dell'armata di Fiandra che si è dimostrata alquanto disobbediente, per il fatto – a suo avviso - che Filippo II ha preferito portare a termine le imprese più con il denaro che con la disciplina militare.

La tradizione militare iberica resta comunque importante, anche se si aggregano insieme mercenari tedeschi e militi italiani e spagnoli. Secondo l'ambasciatore veneto, si può sostenere che la forza dei Tedeschi, l'ordine degli Svizzeri, il coraggio dei Valloni, la pazienza degli Spagnoli e il valore degli Italiani forma un corpo perfetto, nel quale però la componente spagnola è molto ridotta a dimostrazione di un'efficacia bellica garantita da altri. La cavalleria è più adatta ad armarsi alla leggera, perché ha a disposizione dei cavalli piccoli e veloci e in Spagna mantiene 1500 uomini, divisi in più bande, con il capitano pagato 50 scudi al mese ed il soldato

9. Inoltre i feudatari hanno l'obbligo di donare i cavalli in caso di necessità: per i duchi è di 60 cavalli ciascuno, per i grandi non duchi di 40, per i titolati di 20, per i cavalieri privati di 4 e 6 e per i prelati vige l'obbligo di dare del denaro proporzionale alle loro rendite.

Gli ordini di cavalleria hanno l'obbligo di fornire i cavalli e l'ordine di Santiago ha l'obbligo di 1000 cavalli, l'ordine di Calatrava di 600 ed Alcantara di 500, oltre a 1500 assegnati al servizio del re e con i cavalli forniti dall' Italia il re ha a disposizione almeno 20000 cavalli.

La milizia spagnola da qualche anno si è infiacchita poiché è diminuita la dedizione e l'obbedienza ai superiori; ciò è dovuto alla scarsa puntualità nei pagamenti, ai maltrattamenti dei capitani nei confronti dei soldati, all'inclinazione a rubare di questi ultimi e alla disobbedienza nei confronti dei loro capitani. Filippo II promulgò in 50 capitoli una riforma per impedire gli abusi, ma tale iniziativa riguardò però più i soldati che i capitani. I capitani capaci sono pochi ed il re ha a disposizione al momento il conte di Fuentes, l'almirante d'Aragona ora in Fiandra, il connestabile di Castiglia, che però è poco esperto. Il conte di Fuentes è governatore di Milano e generale della milizia di Spagna e percepisce 12000 scudi l'anno e Filippo III lo ha fatto grande di Spagna e del Consiglio di stato. Ha servito nella guerra di Fiandra e dopo la morte del duca di Parma è diventato capo supremo ed ha uno spirito inquieto. Egli prese malissimo la pace con la Francia e biasimava Filippo II per averla stipulata e ritiene di essere il migliore nel mestiere della guerra. L'almirante d'Aragona ha guidato eserciti in Fiandra ed ha avuto alterne fortune, pur non essendo un elemento dotato di grande polso. Il marchese di Borgrau è trattenuto dal re più per i suoi nobili natali che per il suo reale valore e riceve 6000 scudi annui di stipendio in tempo di pace e 12000 scudi quando è generale della milizia alemanna. Don Alfonso d'Idiaquez è generale della cavalleria leggera a Milano ed è figlio di don Giovanni ed ha fatto strada soprattutto per le raccomandazioni paterne. In Italia sono presenti al servizio del re come capitani il duca di Parma, d'Urbino, Modena e Mantova, direttamente stipendiati dal re; Don Pietro de Medici è generale della fanteria italiana e considerato più per i suoi natali che per il suo reale valore e ha un compenso paga di 12000 scudi annui, e viene usato più per ingelosire il granduca che per meriti personali. Altri cavalieri sono esponenti delle varie famiglie italiane più in vista e il re se ne serve per accrescere le proprie forze ed indebolire le difese altrui. Questa è la potenza del re che, come la repubblica romana, rischia di rimanere vittima della sua mostruosa potenza, per la difficoltà di gestire tutto questo farraginoso meccanismo. Se la Spagna si sostiene, conclude Soranzo, ciò è dovuto soprattutto alla forza della sua monarchia che supplisce alle carenze organizzative e agli abusi presenti.

Poi passa ad affrontare gli aspetti più propriamente di governo. In Spagna gli affari di Stato vengono gestiti attraverso i Consigli dei quali il più importante è quello di stato, le cui deliberazioni sono preminenti per cui ogni deliberazione degli altri Consigli va ratificata da quello di stato. Filippo II guidava con fermezza, accentrando le decisioni sulla sua persona. Gli unici consiglieri fidati erano Don Giovanni Idiaquez e Don

Cristoforo di Mora, ma le questioni le risolveva soprattutto lui perché riteneva di avere maggiore esperienza nel conoscere i segreti degli affari di stato. Filippo III, appena morto il padre, cambiò stile di governare. Formato subito un nuovo Consiglio di stato, del quale è capo, delegò nel comando però più di quanto non avesse fatto suo padre. Ascoltava e ponderava con molta attenzione ciò che veniva riferito nei memoriali, e si affidò a 16 consiglieri, mantenendo dei vecchi consiglieri soltanto Don Giovanni Idiaquez e Don Cristoforo di Mora, ai quali tuttavia non dava moltissima autorità, privilegiando i nuovi consiglieri. Si andava definendo, secondo Soranzo, quello che verrà chiamato il regime dei *validos* e dei favoriti. Tra questi don Giovanni Idiaquez ha valore e bontà e pretende poco; Don Cristoforo di Mora è molto riconoscente a Venezia in ricordo di quando vi fu ambasciatore; il marchese di Velada è cavaliere poco pratico e non ha mai legato molto con Filippo III, quando era ancora principe, ed al momento è maggiordomo maggiore ed aspira a diventare grande di Spagna. Il conte di Chinchon è dolce, ma ha scarsa esperienza e fu favorito dal re passato per combattere i moti d'Aragona, ma ora non è molto popolare per l'errata gestione amministrativa della tesoreria d'Aragona. Il principe Doria è l'ultimo dei consiglieri di Filippo II ed è poco considerato dal re attuale.

Il duca di Lerma è il favorito principale di Filippo III ed ha una grande influenza presso il nuovo monarca. Ottiene dal re tutto ciò che vuole, come ricchezze, donativi ed ha il potere di fare i cardinali, dispensare le dignità, distribuire le entrate ecclesiastiche e secolari riuscendo a far avere l'arcivescovato di Toledo a suo zio, il cardinale di Sandoval. Chi non è nelle grazie del duca di Lerma viene escluso dal re: ad esempio Rodrigo Vasquez, presidente del Consiglio reale e Don Pietro Portocarrero, inquisitor maggiore, sono caduti in disgrazia poco dopo essere stati dimessi dalle loro cariche. Da questo si comprende che viene maggiormente seguita la volontà del duca di Lerma rispetto a quella del re: il duca favorì grandemente la sua famiglia, controllava le udienze, divenne l'unico tramite del re.

Il duca di Lerma si era ingraziato la benevolenza del re da quando era principe ed ha iniziato molti anni prima a tessere questa tela per plagiarlo.   Filippo II, intuendo l'ascendente del duca sul figlio, ed il re passato, lo mandò a Valencia, ma di contro ciò accrebbe il legame tra i due. Morto Filippo II, Filippo III non mancò di ricompensarlo e lo volle accanto a sé sin dal primo momento. Il duca di Sandoval ha 54 anni, una buona mente e non scopre più di tanto quella alterigia che lo caratterizza e si pone sempre con grande umanità quando tratta con qualcuno, mostrando sempre di avere a cuore le richieste che gli vengono fatte anche quando scarseggia il tempo. Inoltre è comunemente considerato amico di Venezia.

Il duca di Lerma ha talmente tanta autorità da aver fatto trasferire la corte da Madrid a Valladolid pur essendo in molti contrari, soprattutto perché molta povera gente, che era legata alla corte di Madrid, ha perso il lavoro. Inoltre a Valladolid non è presente il palazzo reale, l'aria è meno buona che a Madrid, ma il duca ha spinto così tanto per lo spostamento, per gli interessi personali in quella città e per allontanare il re da quanti potevano influenzarlo nella corte madrilena. I grandi di corte ricambiano con invidia e odio il duca di Lerma per il suo potere e perché ritengono che pensi più agli interessi propri che a quelli del pubblico governo.

Gli altri consiglieri di stato sono il conte di Miranda, di buon intelletto, che è stato viceré del regno di Napoli; Don Giovanni di Borges è discreto, ma inesperto; il conte di Fuentes è un soldato volenteroso, ardito, ma precipitoso; il conte d'Alva de Lista è stato viceré in Sicilia, ma è vecchio; il cardinal di Toledo è manipolato dal duca di Lerma che è suo nipote. Il cardinal di Guevara è uomo di spirito e di esperienza, soprattutto per il suo soggiorno romano e solidale con Venezia; il connestabile di Castiglia avendo avuto esperienza nel governo di Milano è uomo di lettere, anch'egli ben disposto verso Venezia e grato per l'accoglienza riservato alla regina che si era recata nella città lagunare. Il duca di Sessa è discendente di Consalvo di Cordova, fatto nobile da Venezia e che ottenne da Ferdinando il cattolico la città di Sessa nel regno di Napoli con il titolo di duca. Il marchese di Bozza è nel Consiglio per la capacità nella gestione delle entrate reali avendo presieduto il Consiglio d'Azienda, ma per il resto ha poca esperienza. Don Giovanni di Cordova dopo aver comandato l'armata reale è stato messo anch'egli nel Consiglio di stato per la sua esperienza marittima.

I segretari del Consiglio sono Don Pedro Franqueza per le questioni italiane e Don Andrea Prada per le questioni non italiane e il Franqueza è un favorito del duca di Lerma e, a detta del Soranzo, si sforza di dare qualche soddisfazione al suo interlocutore. Questi consiglieri si impegnano nel trattare le varie questioni riguardanti il re, ma sempre con l'idea che tutto debba girare intorno alla Spagna e nel Consiglio di guerra si trattano tutti quegli aspetti riguardanti la sfera militare e ci sono esperti di guerra a farne parte. Il Consiglio reale ha un'autorità suprema per le cause e per le leggi ed unito all'Inquisizione ha in mano le redini per tenere a freno i sudditi. Questo Consiglio di stato crea difficoltà al nunzio apostolico perché impedisce l'esecuzione delle istruzioni papali ed esercita una pesante autorità sui giudici ecclesiastici.

Il tribunale dell'Inquisizione è molto temuto in Spagna per l'autorità assoluta che ha sopra la vita di ciascuno ed è capeggiato dall'inquisitor maggiore, seguito e stimato quasi quanto il re. L'inquisitore castiga tutti quelli che propagano eresie o bestemmiano, offendendo il nome di Dio. Questo rigore estremo mantiene il rispetto per la religione cattolica in Spagna e ciò serve da monito per i Moreschi e i Marrani. A corte sono presenti altri Consigli; quello di contadoria che ha cura di tutte le entrate reali, quello d'azienda che funge da tesoriere del re, quello di *Resultas* che si occupa di chi ha maneggiato denaro della corona; il Consiglio degli ordini si occupa degli aspetti di cavalleria; il consiglio d'India si occupa degli aspetti relativi al governo delle indie; il Consiglio di Cruzada si occupa delle bolle e di dispensarle oltre a riscuotere le entrate provenienti dalle grazie ecclesiastiche; il Consiglio di Aragona gestisce gli aspetti relativi ai 3 regni di Aragona, Valenza e Catalogna; il Consiglio di *Camerias* si occupa delle grazie fatte dal re nel regno di Castiglia ed in India; il Consiglio d'Italia si occupa dei viceregni di Napoli, Sicilia e Milano.

A Medina del Campo sono presenti due cancellerie che si occupano della Castiglia e dei regni congiunti e i resoconti delle sentenze sono divisi in 3 parti; un terzo ai giudici della prima sentenza, un terzo alla parte contraria ed un terzo alla camera regia e con questo sistema in molti evitano di appellarsi per evitare le lungaggini giudiziarie.

Il Soranzo dopo aver descritto l'organizzazione dei vari uffici e dei vari Consigli si dà alla descrizione di Filippo II e Filippo III avendoli conosciuti tutti e due. Filippo II ha vissuto 71 anni, 3 mesi e 21 giorni ed ha avuto 4 mogli: una portoghese dalla quale ha avuto il figlio Don Carlos che poi morì, una inglese senza avere figli; una francese dalla quale ha avuto le due infanti ed una tedesca da cui ha avuto due figlie femmine e cinque maschi, dei quali solo l'ultimo rimase vivo per miracolo; e quest'ultimo è al momento Filippo III che è succeduto al padre, dopo il suo decesso, il 13 settembre 1598.

Filippo II ha governato per ben 43 anni il suo impero dopo che suo padre Carlo V abdicò a suo favore e nel 1559. Stipulò la pace di Cateau Cambrèsis che sancì l'egemonia spagnola in Italia ed è riuscito ad accrescere i domini lasciatigli dal padre più con la fortuna che con il valore delle armi, acquisendo tuttavia il Portogallo e i suoi domini coloniali.
Quindi ha battuto i Turchi a Lepanto con la flotta della Lega Santa il 7 ottobre 1571, subendo però la sconfitta con l'Inghilterra nel 1588 e quella dell'isola di Gerba nel 1560. Egli ha poi vissuto sempre nel timore di non avere figli maschi ed è stato prodigo di oro per le grandi imprese e parco nel premiare. Ha tentato sempre le imprese fino a trovarsi

impegnato contemporaneamente in Fiandra, Inghilterra, Francia ed a Saluzzo per aiutare il genero, il duca di Savoia, e scacciare i Francesi dall'Italia, avendo come intento quello di dividere tra loro i vari stati italiani. Filippo II era per natura avaro di parole. Ha lasciato in eredità la fabbrica di San Lorenzo dell'Escuriale che ha richiesto ben 35 anni di lavoro e alla fine risultò piena di opere artistiche. Ha avuto una morte senza particolari sofferenza e prima di morire ha esortato i figli al buon governo del paese, lasciando indicazioni testamentarie per riscattare 500 schiavi, maritare 500 donzelle, celebrare 30000 messe in suo onore e predispose la sua sepoltura all'Escuriale senza pompe e cerimonie funebri.

Filippo II ha nominato come suo erede il figlio Filippo III ed in difetto di discendenza l'infanta Isabella, dopo di lei l'infanta Caterina di Savoia e per ultimo sua sorella, l'imperatrice Maria con i loro eredi e successori. Inoltre ha combinato il matrimonio dell'infante nell'arciduca Alberto. Filippo II raccomandò al figlio la difesa della religione cattolica, della giustizia, la benevolenza verso i suoi sudditi e di prendersi cura dell'Escuriale, lasciando per esecutori testamentari il principe, l'imperatrice, l'infante, l'arciduca Alberto, il priore di San Lorenzo dell'Escuriale, i presidenti dei Consigli, l'allora arcivescovo di Toledo, Don Cristoforo di Mora e Don Giovanni Idiaquez.

Filippo III nacque il 14 aprile del 1578 e fu educato fino all'età di 7 anni, peraltro con scarse speranze di sopravvivenza a causa della scabbia ottenuta dal latte di pessima qualità della balia. Gode ora di salute sana ed ha lineamenti austriaci ed è sempre vissuto avendo grande considerazione di suo padre: ne sopportava in silenzio anche le critiche e le offese dei ministri, ma se provocato può diventare molto vendicativo, pur essendo molto devoto alla religione cattolica.

Ha per confessore il domenicano fra Gasparo di Cordova, che ha voluto inserire metterlo nel Consiglio di stato. Il re, nella descrizione di Soranzo, fa vita ritirata come suo padre ed ama molto la caccia, sia a piedi che a cavallo. Filippo II ha sempre cercato di tenere a bada i grandi nobili: in Fiandra, ad esempio, aveva sospettato dell'astuzia del duca d'Alba, della vivacità di Don Giovanni d'Austria, degli abili maneggi del duca di Parma e dell'autorevolezza all'arciduca Alberto. Invece Filippo 3° ha dato grande importanza ai grandi nobili di Spagna.

I domini della Spagna, dal re passato al presente, sono stati più conservati che ampliati, anche se al momento la corona spagnola si regge più sugli accidenti altrui che sulle proprie gambe. La Spagna al momento può rischiare delle sollevazioni da parte di catalani, Valenziani, Aragonesi, Portoghesi, Marrani, Moreschi ed Italiani.

Soranzo si addentra poi negli aspetti più privati del nuovo re. Filippo III, racconta, ha con sua moglie un bellissimo rapporto; la Regina è nata il 25 dicembre 1584 ed ha 18 anni e sa farsi amare dal re con molta astuzia. Si è trasferita in Spagna per sposare il re, è molto devota e si serve di un confessore gesuita inviatole appositamente da Graz ed hanno tentato di toglierglielo provando ad inviarle un francescano, come da tradizione. La regina non ha però accettato e ciò ha provocato contrasti con il duca di Lerma. Inoltre per accontentare il re si è anche privata di bere del vino durante i pasti e ha piacere che si creda che lei abbia grande autorità con il re, che usa di solito per favorire le monache; è benigna con gli altri ed ha imparato benissimo lo spagnolo, praticamente dal nulla; è amata dalla servitù e nella casa ha a disposizione il maggiordomo maggiore che è il conte d'Alva de Lista, il cavallerizzo maggiore che è Don Antonio di Toledo, la cameriera maggiore è la contessa di Lemos e gli altri loro subordinati.

L'imperatrice Maria, madre dell'Imperatore, ava e zia del re vive in Spagna ed è rimasta scontenta per non essere stata inserita nel governo e si è ritirata in una casa unita al monastero delle Scalze, nel quale ha fatto monacare sua figlia. L'imperatrice riceve ben 70000 scudi annui per le spese e si è poi mostrata molto contrariata dal trasferimento della corte da Madrid a Valladolid e dall'influenza del duca di Lerma sulle decisioni di Filippo III.

L'infanta Isabella ha ricevuto da Filippo II i Paesi Bassi dopo vari tentativi abbastanza fallimentari. Lì, nell'ordine, il cardinale Granvella si è rivelato odioso, madama Margherita abile ma approssimativa, il duca d'Alba troppo crudele, il commendator maggiore di Castiglia Don Luigi Zuniga y Requesens, governatore dal 1575 al 1578 ha fallito la sua opera; Don Giovanni d'Austria si è reso sospetto alla Corona, il duca di Parma Alessandro Farnese parziale agli Italiani, odiato dagli Spagnoli ed amato dai Fiamminghi, il conte di Fuentes è stato di poca autorità e precipitoso e l' arciduca Ernesto è durato poco.

L'arciduca Alberto è stato cardinale e aveva capito che i popoli dei Paesi Bassi erano ormai troppo liberi per poter essere ridotti all'obbedienza e a porre sotto controllo il mondo riformato. Le città sono quasi inespugnabili per la presenza delle acque e la vicinanza a Francesi ed Inglesi che sono facilmente in grado di aiutarli. Filippo II ha sovvenzionato inutilmente per ben 38 anni questa guerra e i monarchi successivi proseguirono sulla stessa linea, sino alla indipendenza delle Province Unite sancita il trattato di Vestfalia dopo aver assorbito grandi risorse della monarchia spagnola.

Il Soranzo trae poi un bilancio delle relazioni estere del nuovo monarca.

Filippo III, conclude, è votato alla pace e non vuole turbare più di tanto la quiete della cristianità. Con i pontefici è legato dalla considerazione che il papa è il vicario di Cristo, è signore temporale di grande autorità e padrone diretto del regno di Napoli. Ciò è molto utile alla Spagna perché le permette di acquisire delle entrate ecclesiastiche e come principe d'Italia il papa costituisce un elemento di stabilità e di controllo, contendo su buoni capitani e soldati: anche se l'acquisizione da parte del papa di Ferrara nel 1598, non è stata vista di buon occhio perché aveva generato un accrescimento della potenza papale che, in prospettiva, avrebbe potuto turbare il delicato equilibrio politico italiano. La Spagna non aveva apprezzato il riaccoglimento di Enrico IV, monarca francese, nella chiesa cattolica dopo la sua celebre conversione.

Il nunzio apostolico ha grande autorità in Spagna e può concedere molte grazie senza alcun costo per sé stesso e dispone a suo piacimento della possibilità di concedere i benefici, ha autorità su dispense e concessioni, si serve di spie ed esercita la collettoria e la nunziatura dalle quali cava ben 40000 scudi l'anno. Le chiese principali della Spagna sono Toledo e Siviglia.

Il Soranzo ha conosciuto a corte due nunzi apostolici; il patriarca Gaetano, deceduto e l'arcivescovo di Manfredonia, con i quali si è trovato bene osservando la loro buona predisposizione nei confronti di Venezia.

Il re ha dei contrasti con l'imperatore del Sacro Romano Impero per non avergli dato in moglie l'infanta Isabella, per non averlo aiutato nella guerra contro l'Ungheria ed aver fatto entrare nell'Impero le genti dell'Almirante d'Aragona e per non avere un'azione armonica nella politica italiana, soprattutto nell'Italia settentrionale. La donazione della Fiandra, il matrimonio dell'infanta con l'arciduca Alberto hanno scontentato l'imperatore verso suo fratello Alberto e l'imperatore ha confermato che non aiuterà il fratello arciduca in caso di elezione. L'imperatrice serve per pacificare il re e l'imperatore; l'arciduca Massimiliano è in buoni rapporti col re, ma non hanno interessi in comune; l'arciduca Ferdinando, cognato del re, è molto stimato e viene visto come un candidato ideale per l'elezione imperiale a differenza dell'arciduca Alberto.

La Spagna non è molto in sintonia con i principi di Germania a causa della diversità di religione con gli eretici. Ma nonostante tutto il re ha sempre cercato di tenersi buoni i principi tedeschi come risorsa per l'arruolamento mercenario. Continuando nel mondo tedesco, con la casa di Baviera la Spagna ha un buon rapporto e può ottenere facilmente soldati e lo stesso con l'arcivescovo di Colonia, così come con alcuni cantoni elvetici.

Filippo III ed Enrico III vivono in un acuto sospetto delle azioni reciproche e si può dire che la loro rivalità sia assoluta su tutti i piani: dinastici, economici e politici. Il re di Francia è infastidito dall'usurpazione del regno di Navarra e avanzava grandi pretese territoriali. Tuttavia, nonostante l'animosità e i conflitti latenti tra Francia e Spagna la pace può durare, secondo l'ambasciatore veneto, se i due sovrani non avranno interesse a romperla, a meno che l'inquietudine dei Francesi ed il desiderio di superiorità degli Spagnoli non la mettano definitivamente in crisi.

L'Inghilterra è un nemico molto difficile e mortale per la Spagna. Le ha inferto gravi e sonore sconfitte. E' all'epoca il suo nemico storico per eccellenza: protegge l'Olanda e la Zelanda nella loro ribellione antispagnola, favorisce gli Ottomani e i Francesi nell'infastidire la Spagna, ha occupato Cadice e attaccato Lisbona, dando asilo a Don Antonio di

Portogallo e alla sua progenie, infine infesta l'oceano attaccando numerosi navigli spagnoli.

Anche Filippo III, come suo padre favoriva i cattolici di Inghilterra, Scozia ed Irlanda e si adoperava per attizzare e sostenere le discordie tra i tre regni.

Il regno di Scozia cerca sempre di avere una buona relazione con la Spagna per riceverne eventuale aiuto. La Spagna, in realtà vorrebbe stipulare una pace con l'Inghilterra per evitare un dissanguamento inarrestabile di danari e uomini. Tuttavia, la regina inglese non era così favorevole, perché l'aiuto ai ribelli di Fiandra avrebbe potuto creare un pessimo precedente per il rispetto, da parte spagnola, degli accordi di pace.

Così scriveva il Soranzo sulla situazione diplomatica a pagina 186 della relazione:

"Si va stringendo la negoziazione di pace con la regina di Inghilterra, e, con una spedizione venuta due giorni sono di Fiandra, si è saputo che la difficoltà della trattazione della pace con Inghilterra dipende dal voler la regina, che a tutti i ribelli di Sua Maestà sia non solo perdonato, ma ancora restituiti tutti li beni che possedevano nelli stati di Sua Maestà cattolica, ciò che con difficoltà si vede di poter effettuare da questa parte, perché quelli sono in gran numero, e sarebbe quasi impossibile farne la restituzione, essendo stati venduti molti di questi beni che non si potrebbero ricuperare se non con grandissima somma d'oro. Si contenterà la regina d'Inghilterra di rinunciare le 4 piazze che tiene Ostenda, Bruges, Abril e Flessinghen, ma le vuole consegnare in mano dei Stati dai quali le ha ricevute, promettendo di far ogni opera per l'accomodamento di questi con l' arciduca e con la signora infante; e si ha per fermo che se segue il primo accordo seguirà anche il secondo, in modo che il punto più difficile è quello della restituzione dei beni, al quale si procurerà di ritrovare qualche sorta di assettamento, scoprendosi la volontà della pace eguale in ambe le parti. E difatti li procuratori delle Cortes non sanno finir di risolversi sopra la proposizione del danaro che si ha da fare, spaventandoli da una parte la gran strettezza in che si trovano questi popoli e dall'altra la profusione che si fa dell'oro anco in cose che non bisognano, vedendosi conti che il re presente in 1 anno ha speso 14000000 in oro, è vero che ha avute occasioni grandi e straordinarie delli viaggi passati, delle nozze sue, delle spedizioni della signora infante, e dell'armata dell'oceano; stanno perciò confusissimi, e non sanno trovar la via. Si ha nuova, che la flotta delle Indie si trova vicino a questi regni, essendo già capitati in Siviglia li primi vascelli di avviso, e dicono che viene carica di 16000000 d'oro, la maggior parte dè quali sono dè particolasi, e quelli del re hanno di già quasi tutti li loro assegnamenti, in modo che poco gusto da essa caverà la Maestà Sua; e tutte queste strettezze fanno crescere ogni giorno più il desiderio di veder terminato il negozio". La pace fu poi effettivamente conclusa nel 1603.

La Spagna ha sempre avuto buone relazioni anche con il re di Danimarca, e ciò grazie ai ministri di Fiandra che hanno fatto da intermediari. Inoltre è cognato del re di Scozia e può sempre correre in soccorso della Spagna con i suoi vascelli nella guerra contro la Fiandra. Il re di Danimarca ha 1000000 di scudi annui di entrata, tanti vascelli ed armi, ma non ha soldati molto valenti ed è legato al re di Spagna per le derrate che riceve.

Il re di Polonia non è molto legato a Filippo III, poiché non hanno grandi interessi in comune, vista la lontananza, nonostante le regine di Spagna e Polonia siano imparentate.

Il granduca di Toscana e Filippo II hanno avuto spesso e volentieri molti scontri e tutto nacque quando il granduca era cardinale e protettore a Roma degli affari di Spagna. Il re per l'elezione di Gregorio 13° non si fidò a dargli le commissioni e le diede al cardinale di Trento. Le tensioni furono poi ripetute su diverse altre questioni. Così commentava il Soranzo

"Ho penetrato che crescano qui le male soddisfazioni col granduca assai gagliardamente, perché sono entrati in sospetto che controperi all'accomodamento del negozio di Saluzzo, tirato in ciò da più suoi interessi, per non lasciar quietare il duca col quale par che abbia continua gara e perché il re di Francia non si privi di tener un piè fermo in Italia.

Il re di Francia aiutò il granduca contro il re di Spagna e nell'impresa di Marsiglia del 1595 tentata dagli Spagnoli finì male perché ci fu il tradimento di Casan, ucciso dal suo confidente Pietro di Libertà, a ciò indotto dal granduca di Toscana e ciò per non fare impadronire la Spagna della Provenza ed anche con Filippo III il granduca cerca di incattivirlo e non è nelle grazie del re e del duca di Lerma. Il matrimonio della nipote del re di Francia non ha lasciato accrescere i sospetti del re di Spagna sulle volontà e gli interessi che si possono avere in Francia, ma ha provocato dispiacere poiché gli Spagnoli non hanno voluto permettere al duca di Parma il matrimonio con la nipote del re francese per mostrare al granduca di avere il controllo della situazione ed alla fine questa nipote del re di Francia l'ha sposata il re stesso e questa situazione ha creato un disgusto negli Spagnoli che hanno contribuito a crearsi da soli e ciò dà soddisfazione al granduca. Il granduca non ha ancora ricevuto dal re l'investitura di Siena, nonostante il suo ambasciatore e Don Giovanni de' Medici a corte lo richiedessero con insistenza non la ottennero. Il granduca è obbligato per i vecchi accordi stipulati con Carlo V di somministrare 3000 fanti e 400 cavalli a sue spese per la difesa del ducato di Milano dagli attacchi esterni, ma il granduca non li ha somministrati per l'occupazione del marchesato di Saluzzo perché l'accordo riguarda soltanto Milano. La Spagna ha notato il disprezzo che ha verso la sua corona il granduca, ma ci passa sopra nell'interesse globale degli stati italiani e per la posizione centrale e di passaggio in Italia ed il granduca sa di avere questo vantaggio, ma il re lo tiene legato a sé con le fortezze che ha in Toscana.

Don Pietro de Medici è fratello del granduca e vive in Spagna scontento della divisione dei beni fatta da suo fratello Francesco e Don Pietro è un favorito di Filippo III".

Il duca di Savoia è strettamente imparentato con Filippo III e molto stimato perché la fortezza di Nizza fa molto comodo alla Spagna. Il duca al momento si mostra legato alla Spagna solo per beneficare i figli.

La famiglia Farnese ha prestato grandi servizi al re ed è imparentata, ma bisogna dire che in questo momento il duca di Parma non è molto nelle grazie del re e suo padre, Alessandro Farnese aveva prestato servizio alla Spagna lasciandoci la vita. Il re lo ricompensò con la donazione della cittadella di Piacenza; però vi era una sottesa acredine riguardo al fatto che non aveva aiutato a sufficienza la Spagna nell'impresa d'Inghilterra ed aveva richiesto la corona del Portogallo perché imparentato con il re Enrico. Le discordie sono durate finchè sono stati in vita Filippo II ed Alessandro Farnese duca di Parma, per finire con Filippo III che stima l'attuale duca ed è stato soddisfatto quando ha deciso di sposare la nipote del papa. La Spagna aveva stima per il duca di Parma al punto da conferirgli l'ordine del Toson d'oro e di porlo al suo servizio per 15000 scudi annui, oltre ad assegnarne 5000 di pensione al fratello cardinale. Lo stato di Parma ha un'importanza cruciale nello scacchiere italiano ed è soggetto alle pretese incrociate dei pontefici, dell'imperatore lo vuole come feudo dell'impero, del re di Spagna che vuole incorporarlo al ducato di Milano, e naturalmente del duca di Parma.

Il duca di Mantova è per parte di madre della casa d'Austria, perciò è imparentato con il re di Spagna, è cavaliere del Tosone ed è sempre stato devoto alla corona di Spagna.

Il duca d'Urbino è al servizio del re per 15000 scudi annui, essendogli stato accresciuto di 3000 ed è doppiamente obbligato al servizio poiché legato al Tosone, ma non è adatto all'arte militare per limiti di età ed esperienza. Il re lo ha voluto stipendiare per non metterlo al servizio degli altri principi, soprattutto di Venezia, per potersi servire dei soldati provenienti dai suoi stati. Il duca di Modena ha scarsa importanza per le scarse ricchezze del suo feudo, è poco stimato per aver giudicato male il governo di Ferrara e viene pagato 12000 scudi l'anno per contare sui suoi sudditi come militari e non farlo stare al servizio di altri.

Il duca di Lorena ha cercato di stringersi alla corona di Spagna durante le tensioni interne in Francia per poter acquisire la Provenza, in conseguenza delle sue pretese dovute ad un'eredità della casa d'Angiò.

La repubblica di Genova porta talmente tanti vantaggi a Filippo III che se anche ne fosse signore non ne otterrebbe di maggiori, avendone in mano i porti e non dovendo spendere nulla per presidi, fortezze ed armate. I genovesi sono più legati al governo economico che a quello politico e il re si professa protettore della loro libertà dei genovesi.

La repubblica di Lucca è riverente e devota al re di Spagna e, pur essendo poco potente, il re la protegge per non farla cadere al servizio degli altri principi, tra i quali il vicino granducato di Toscana. Questa protezione li rende sicuri e tengono un ambasciatore presso il granduca per capirne le mosse.

Il re di Fez è alleato della Spagna e confina con le fortezze spagnole del Nordafrica ed è sempre utile in caso di attacchi da parte dei Mori. I suoi territori confinano con i domini della Spagna e dell'Impero Ottomano, anche se è sterile ed ha a disposizione un esercito indisciplinato.

La Spagna ha sempre temuto la potenza dei Turchi stimandola pari alla propria e, nelle guerre con Francia ed Inghilterra hanno sempre temuto l'interferenza dei Turchi, pur essendo questi ultimi impegnati in Ungheria. I Turchi possono creare grandi guasti e problemi attaccando il regno di Napoli, la Sicilia, il Nordafrica. Quando la Spagna ha tentato di reagire con l'infelice impresa di Algeri ha approfittato del fatto che i Turchi erano occupati in un altro fronte, subendo comunque numerose disfatte.

Il re di Persia è alleato della Spagna e possono sempre aiutarsi tra loro in caso di assalto da parte dei Turchi e alla richiesta di esperti militari per difendersi, ha avuto un rifiuto da parte spagnola nel timore che avrebbe potuto servirsene contro di essa.

Il Soranzo descrive infine la situazione dei rapporti tra Venezia e la Spagna. Conferma che Filippo III intende mantenere la quiete in Italia come suo padre, osservando che nessuno dei due stati accetterebbe che l'altro acquisisca forze maggiori. La Spagna non teme leghe tra gli stati italiani, poiché i papi sono più interessati a mantenere la pace, ma teme Venezia perché è il più potente degli altri stati italiani. In caso di lega con altri principi ha inoltre una posizione strategica che impedisce gli aiuti dalla Germania allo stato di Milano. Un altro motivo possibile di scontro può essere determinata dalla questione dei confini tra Venezia ed il ducato di Milano, ma si confida nella destrezza dei ministri per sventare ogni crisi. Infine il problema del rispetto della navigazione dei propri navigli è stato felicemente risolto.

Gli Spagnoli sanno di non essere amati molto in Italia, ma allo stesso tempo sono consapevoli che in Italia vedono poco volentieri le potenze occupanti. Rispetto ai Turchi bisogna poi considerare gli interessi di Venezia in periodo di pace e di guerra. In tempo di pace al re giova che Venezia per difendere i Turchi dagli assalti dei corsari tenga un corpo d'armata senza che la Spagna usi il proprio. In tempo di guerra gli Spagnoli non danno molto aiuto a Venezia e, in caso di rottura coi Turchi si può chiedere aiuto e non lega, poiché l'aiuto è più spedito per organizzazione rispetto alla lega. Tuttavia gli Spagnoli non saranno così solleciti ad aiutare la Repubblica, poiché l'aiuto richiede spese senza tanta speranza di utile e beneficio, ma nello stesso tempo non è utile per la Spagna far rinforzare i Turchi.

I fini della guerra sono differenti, poiché Filippo III è sempre alla ricerca dell'impresa d'Africa e il doge l'egemonia nel Levante. Entrambi ricercano una guerra veloce per non indebitarsi troppo. La migliore soluzione resta comunque quella di accomodarsi con i Turchi con una piccola somma d'oro piuttosto che impegnarsi in battaglia. A tale proposito il Soranzo non manca di criticare la politica veneta che non ha saputo cavalcare l'onda del successo ottenuto nella battaglia di Lepanto, per le gelosie della Spagna, le discordie tra i vincitori, la perdita di Cipro, e le perpetue minacce ad Albania e la Dalmazia.

In sostanza il modo di governare Venezia è molto stimato per essere prudente e savio, per la sua ricchezza, per il suo arsenale e la sua indipendenza. Il Soranzo sostiene che si è trovato in Spagna durante il passaggio di consegne tra Filippo III e Filippo III ed ha lavorato per eliminare ogni piccolo contrasto tra Venezia e la Spagna. Soranzo ha avuto accanto a sé come preziosi collaboratori Francesco Pesaro, figlio di sua sorella, e Vittore da Pesaro; Agostino Gussoni, Lorenzo Soranzo figlio di Francesco, il segretario Giovanni Girardo del quale tesse grandi elogi per l'aiuto prestatogli. Soranzo chiede infine al doge di lasciargli tenere per sé la catena d'oro donatagli dal re e di essere rimborsato dalle spese sostenute durante la sua legazione. Ringrazia infine il doge per l'occasione concessagli.

Da questa descrizione si può in conclusione desumere la quantità degli argomenti affrontati e apprezzare contemporaneamente la grande capacità analitica di uno dei migliori ambasciatori veneziani dell'età moderna.

BIBLIOGRAFIA

Dizionario Biografico degli Italiani – Treccani

ANDRETTA STEFANO, L'arte della prudenza, pp. 142, pp.157- 158, pp. 174- 175, pp. 180, pp. 183

ANDRETTA STEFANO, La repubblica inquieta, pp. 72- 73, pp. 75, pp. 78- 79, pp. 84, pp. 90- 91

FIRPO LUIGI, Relazioni degli ambasciatori veneti al Senato dalla Spagna, vol. IX, da pp. 25 a pp. 214